MW01168826

Eine Idee von Lenn Vincent GmbH.

Das Werk ist einschließlich aller seiner Teile urheberrechtlich geschützt. Jede Verwendung außerhalb der engen Grenzen des Urheberrechtsgesetzes ist ohne Zustimmung des Verlages unzulässig und strafbar. Das gilt insbesondere für Vervielfältigungen, Übersetzungen, Mikroverfilmungen und die Verarbeitung in elektronischen Systemen.

© 2017 der deutschen Ausgabe.
Alle Rechte vorbehalten.

ISBN 978-3-907098-05-9

www.leo-schneepard.de

Leo Schneepard

UND SEIN EIGENER ROLLER

AUTOR

MELANIE ROEMER

Es ist Sommer und Leo spielt viel mit seiner besten Freundin Maya und seinen anderen Freunden draußen.

„Kommt, lasst uns Roller fahren", schlägt Freddy Fuchs vor.

„Hast du auch einen Roller?", fragt Freddy.

„Nein ich hab keinen Roller. Ich bin auch noch nie mit einem Roller gefahren. Ist das schwierig?", erkundigt Leo Schneepard sich.

„Nein gar nicht." Freddy hüpft auf seinen Roller und saust los. Maya stupst Leo an und hält ihm ihren Roller hin, „Leo, wenn du magst, darfst du meinen Roller mal fahren", Leo freut sich. "Aber bevor du losfährst, musst du den Helm aufsetzen."

Maya gibt Leo ihren Helm.

Am Anfang ist das Rollerfahren gar nicht so leicht. Aber Leo gibt nicht auf und nach viel üben, kann er schon richtig gut fahren. Leo und Maya wechseln sich mit dem Roller ab und fahren zusammen mit ihren Freunden den ganzen Nachmittag lang.

Leo macht das Rollerfahren riesigen Spaß. Er wird überhaupt nicht müde.

„Meine Mama ruft, Leo, ich muss nach Hause", sagt Maya. „Kannst du mir noch den Helm geben?" Traurig übergibt Leo den Helm an Maya. Leo Schneepard wäre am liebsten noch ewig weitergefahren.

Jetzt ruft auch Leos Mama: „Leo, komm bitte rein, wir essen gleich!"

Als Leo Zuhause ankommt, wäscht er seine Tatzen und setzt sich an den Esstisch. Gemeinsam mit Mama, Papa und Lilly isst er zu Abend. Während des Essens denkt Leo über das Rollerfahren nach. Es hat ihm sehr viel Spaß gemacht.

Lilly stupst Leo an: „Sag mal Leo, warum bist du denn so ruhig?"

Leo murmelt: „Weißt du Lilly, alle Kinder haben einen Roller, nur ich nicht."

Lilly antwortet: „Du kannst dir doch einen Roller zum Geburtstag wünschen, Leo."

„Och, das dauert aber noch sehr lange bis ich Geburtstag habe", sagt Leo traurig und isst nachdenklich weiter.

Nach dem Essen bringt Lilly Leo ins Bett.

„Lilly, ich habe eine gute Idee", sprudelt es aus Leo heraus. „Ich könnte doch mein Geld aus der Spardose nehmen und mir einen Roller davon kaufen", schlägt Leo begeistert vor. Seit längerer Zeit darf Leo gemeinsam mit Lilly bei Mama und Papa in der Firma helfen. Er bekommt dafür sein eigenes Geld und spart es in seiner Spardose.

„Das ist eine gute Idee", sagt Lilly. „Wir müssen nur schauen, ob du schon genug Geld in deiner Spardose hast", erklärt Lilly. „Lass uns morgen nach der Schule zusammen in die Stadt fahren, um zu schauen, was ein Roller kostet." „Oh, ja", antwortet Leo voller Freude und kuschelt sich in seine Decke.

Am nächsten Tag holt Lilly ihren Bruder Leo von der Schule ab. Gemeinsam machen sie sich auf den Weg zum Rollerladen. Am Rollerladen angekommen sieht Leo im Schaufenster gleich seinen Traum-Roller. Er ist grün und hat vorne rote Streifen. „Lilly, das hier ist mein Lieblings-roller", sagt Leo begeistert.

„Der ist wirklich schön, Leo, aber der kostet 50 Euro. Das ist sehr viel Geld. Lass uns mal reinschauen, ob wir noch einen anderen finden", empfiehlt Lilly und sie gehen in den Laden.

„Leo, schau mal. Hier ist fast der gleiche Roller mit einem Helm und kostet 30 Euro. Das ist viel weniger", erklärt Lilly.

„Wie lange muss ich dafür sparen?", fragt Leo. „Lass uns nach Hause gehen und dann schauen wir mal, wie viel Geld schon in deinem Spardose ist", schlägt Lilly vor.

Zuhause angekommen, läuft Leo in sein Zimmer und holt seine Spardose. Er öffnet es und kippt den Inhalt aus. Gemeinsam zählen Leo und Lilly das Geld. „Leo, du hast bis jetzt schon 20 Euro gespart", sagt Lilly. „Wie lange muss ich dann noch sparen?", fragt Leo. „Du brauchst dann noch 10 Euro. Das heißt, du musst mir noch fünf Mal in der Firma helfen, da du jedes Mal zwei Euro für deine Hilfe von mir bekommst", erklärt Lilly. „Oh je, das ist aber noch sehr oft", sagt Leo. „Wie wäre es, wenn du ausnahmsweise drei Mal in der Woche mitkommst, dann geht es noch schneller", schlägt Lilly vor. „Oh ja, Lilly, das mach ich!"

Am nächsten Tag nach der Schule fährt Leo direkt mit seinem Papa in die Firma. Er setzt sich zu Lilly ins Büro an seinen eigenen kleinen Schreibtisch. Und huch, da liegt ja auch schon ein Zettel.

Leo schaut sich den Zettel genau an. „Erstens: Blumen gießen; zweitens: Briefe in den Briefkasten werfen" und noch viele andere Aufgaben.

„Lilly, ich mag Blumengießen nicht", beschwert Leo sich.

„Leo, wenn man arbeitet, muss man auch schon mal Dinge erledigen, die einem nicht so viel Spaß machen", erklärt Lilly.
„Ok", antwortet Leo etwas genervt. Er fängt an, die Briefe in die Briefkästen zu werfen.

Als er damit fertig ist, geht er zurück an seinen Schreibtisch und holt sein Malbuch heraus. Lilly fragt überrascht: „Leo, bist du schon mit allen Aufgaben fertig?"
„Oh" denkt sich Leo. Er hat ganz vergessen die Blumen zu gießen und die anderen Aufgaben zu erledigen. „Ich mache das morgen. Ich möchte jetzt lieber malen!"
„Denk an deinen Roller!", erinnert Lilly ihren Bruder. „Wenn du deine Aufgaben nicht erledigst, bekommst du auch keine zwei Euro von mir."
„Ich hab jetzt aber keine Lust!", sagt Leo wütend.
Da kommen auch schon die Mama und der Papa und fahren mit Leo und Lilly zusammen nach Hause.

Leo war richtig schlecht gelaunt auf der Heimfahrt. So langsam bemerkt er, dass er heute seine zwei Euro nicht bekommen hat und nichts sparen kann. „Verdammt, jetzt dauert es noch länger, bis ich mir meinen Roller kaufen kann", denkt Leo traurig.

Lilly wendet sich Leo zu: „Schau mal Leo. Wenn du dir ein Ziel wie den Kauf des Rollers setzt, musst du versuchen durchzuhalten. Durchhalten, bis du das Ziel erreichst. Das ist an manchen Tagen ganz schön anstrengend und macht auch nicht immer Spaß. Aber Leo, ich glaube an Dich, du kannst das", sagt Lilly überzeugt.

Das hört Leo gerne und jetzt ist er sicher, dass er es kann.

Die nächsten Tage vergehen wie im Flug. Leo ist sehr fleißig und hilft Lilly wie versprochen.

An einem Abend fragt Lilly ihren kleinen Bruder: „Leo, sollen wir nochmal gemeinsam zählen, wie viel Geld du schon gespart hast?"

„Oh ja!", freut sich Leo und rennt los, um seine Spardose zu holen. Er schüttelt die Spardose zuerst und dann kippt er das Geld aus. „Wow, das ist aber viel", sagt er mit strahlenden Augen. Schnell zählen die beiden das Geld.

„Leo, du hast es geschafft. Du hast genug gespart, um dir den Roller zu kaufen", sagt Lilly stolz.

„Yippie!", ruft Leo fröhlich und rennt im Zimmer hin und her.

Lilly ruft ihm zu: „Leo, das Durchhalten hat sich gelohnt! Morgen nach der Schule fahren wir zwei zusammen in den Rollerladen!"

Am nächsten Tag holt Lilly Leo von der Schule ab. Wie versprochen gehen die beiden in den Rollerladen. Leo ist total aufgeregt und freut sich sehr. Im Rollerladen angekommen stürmt Leo zu seinem neuen Roller. Der neue Roller ist so wunderschön!
Zusammen gehen die beiden an die Kasse.
„Ich möchte gerne diesen Roller von meinem gesparten Geld kaufen", sagt Leo voller Freude und gibt der Kassiererin sein Geld.

„Sag bloß, du hast dir das Geld für den Roller ganz alleine gespart?", fragt die Kassiererin erstaunt. Leo lächelte voller Stolz und nickt.
„Ich wünsche dir ganz viel Spaß mit deinem neuen Roller!", sagt die Kassiererin freundlich und gibt Leo seinen Roller.

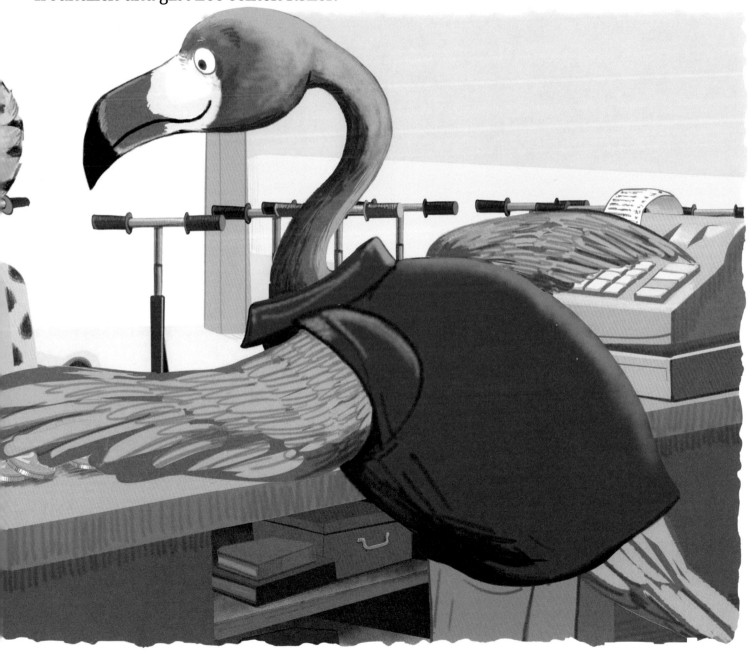

Zuhause angekommen zieht er sich schnell seinen Helm an und läuft nach draußen zu Maya und den anderen Kindern. „Schau mal, Maya, mein eigener Roller. Den habe ich mir von meinem gesparten Geld gekauft."

„Das ist ja klasse, Leo", freut sich Maya für ihn. Und schon düsen Maya und Leo mit ihren Rollern los. Gemeinsam fahren sie den ganzen Nachmittag zusammen und haben einen Riesenspaß.

71020068R00018

Made in the USA
Lexington, KY
17 November 2017